Danksagung

An dieser Stelle möchte ich mich bei dir bedanken.

Bedanken, dafür, dass du Interesse an meinem Buch gezeigt und es dir gekauft hast.

Bedanken dafür, dass du mir einen Teil deiner Zeit schenkst und dieses Buch liest.

Ich wünsche dir, dass du viel aus diesem Buch für dich mitnehmen kannst und ich freue mich schon sehr darauf, dich bei einem meiner anderen Bücher wiederzusehen.

Zum Schluss will ich dir noch in Zitat von Laozi mitgeben, dass den Sinn dieses Buches in kurzen Worten zusammenfasst:

Wer sein Ziel kennt,
der findet den Weg.

-Laozi-

Kim W. Sommer

Erste Hilfe bei einer Histaminintoleranz

ⓣ tredition

2. Version
© 2024 Kim W. Sommer
Cover-Foto: Hintergrund Vordere Seite Aliona
Gumeniuk auf Unplash, Hintergrund Rück-
seite Foto von AltumCode auf Unplash
Illustration: Kim W. Sommer

Druck und Distribution im Auftrag der Autorin:
tredition GmbH, Halenreie 40-44, 22359 Ham-
burg, Deutschland

ISBN
Softcover   978-3-384-36382-4

Inhaltsverzeichnis

Man soll

dem Leib

etwas Gutes bieten,

damit die Seele

Lust hat,

darin zu wohnen.

(Winston Churchill)

Einleitung

Histamin-Intoleranz – ein Begriff, der für viele Menschen zunächst fremd klingt, doch die Auswirkungen sind für Betroffene oft allzu bekannt.

Migräne, Magen-Darm-Probleme, Hautausschläge oder Atembeschwerden – all das sind mögliche Symptome, die durch eine gestörte Histaminverarbeitung im Körper verursacht werden.

Die Diagnose ist oft ein langer Weg, da die Beschwerden vielseitig und schwer zuzuordnen sind.

Dabei kann der Schlüssel zu einem beschwerdefreien Leben in einer angepassten Ernährung und einem bewussten Umgang mit Histamin liegen.

Dieses Buch soll Ihnen eine wertvolle Stütze auf diesem Weg sein.

Es erklärt nicht nur, was Histamin-Intoleranz ist und welche Ursachen ihr zugrunde liegen, sondern bietet Ihnen auch praktische Tipps, wie Sie Ihre Ernährung umstellen können, um Ihre Symptome zu lindern.

In einer Welt, in der Lebensmittel oft stark verarbeitet sind und es schwierig sein kann, den Überblick zu behalten, möchte ich Ihnen mit klaren Empfehlungen, leckeren Rezepten und praxisnahen Lösungen helfen, die Kontrolle über Ihre Gesundheit zurückzugewinnen.

Als jemand, der selbst von einer Histamin-Intoleranz betroffen ist, kenne ich die Herausforderungen und Unsicherheiten, die mit dieser Diagnose einhergehen.

Doch ich habe auch erfahren, dass es möglich ist, trotz dieser Einschränkung wieder ein genussvolles und beschwerdefreies Leben zu führen.

Dieses Buch ist aus dem Wunsch heraus entstanden, meine Erfahrungen und das gesammelte Wissen weiterzugeben, um anderen Betroffenen den Weg zu erleichtern.

Lernen Sie, wie Sie Ihre Ernährung auf Ihre individuellen Bedürfnisse anpassen und sich so Schritt für Schritt wohler fühlen können.

Tauchen Sie ein in die Welt der histaminarmen Ernährung und lassen Sie uns den ersten Schritt in Richtung eines neuen, beschwerdefreien Alltags machen!

Nahrungsmittel-Intoleranzen

Was versteht man unter einer Nahrungsmittel-Intoleranz oder einer Nahrungsmittel-Unverträglichkeit?

Eine Nahrungsmittelunverträglichkeit ist eine Intoleranz auf bestimmte Lebensmittel.

Der Organismus kann bei Menschen mit einer Nahrungsmittel-Intoleranz spezielle/bestimmte Lebensmittel nicht richtig verdauen oder verstoffwechseln.

Der häufigste Grund dafür ist, dass notwendige Enzyme nicht oder nicht in dem notwendigen Maße bei der Verdauung, dem Stoffwechsel produziert werden.

Dies führt bei den betroffenen Personen dazu, dass es zu anhaltenden Verdauungsbeschwerden, wie Durchfall, Verstopfung, Magenschmerzen, Bauchschmerzen, Blähungen, Blähbauch, Übelkeit, Erbrechen, Aufstoßen und Völlegefühl kommt.

Aber auch Müdigkeit, Kopfschmerzen, Herzrhythmusstörungen, Schwellungen, Rötungen der Haut oder Hautausschläge können Anzeichen einer Nahrungsmittelunverträglichkeit sein.

Laktose-Intoleranz:

Bei einer Laktose-Intoleranz kann der Milchzucker (die Laktose) vom Körper nicht richtig verdaut werden.

Fructose-Intoleranz:

Bei einer Fructose-Intoleranz kann der Fruchtzucker vom Körper nicht richtig aufgenommen werden.

Sorbit-Intoleranz:

Bei einer Sorbit-Intoleranz können bestimmte Zuckeralkohole nicht oder nur unzureichend verwertet werden. Die Sorbit-Intoleranz tritt häufig zusammen mit der Fructose-Intoleranz auf.

Glutenunverträglichkeit/ Zöliakie:

Bei einer Glutenunverträglichkeit/ Zöliakie handelt es sich um eine chronisch entzündliche Darmerkrankung, die wegen bestimmter Immunreaktionen zustande kommt.

Weizenunverträglichkeit:

Bei einer Weizenunverträglichkeit verursacht der Verzehr von Lebensmitteln, die das Getreide Weizen enthalten, Beschwerden.

Histamin-Intoleranz:

Bei einer Histamin-Intoleranz kann das Histamin vom Körper nicht richtig abgebaut werden.

Verdacht auf eine Nahrungsmittel-Intoleranz oder eine Nahrungsmittel-Unverträglichkeit:

Viele Menschen mit einer Nahrungsmittel-Intoleranz- oder einer Nahrungsmittel-Unverträglichkeit wissen gar nicht, woher Ihre andauernden Beschwerden kommen. Häufig ist es ein langer Leidensweg für die betroffenen Personen, bis die richtige Diagnose gestellt wird.

Wenn Sie den Verdacht auf eine Nahrungsmittel-Intoleranz- oder Nahrungsmittel-Unverträglichkeit haben, dann sprechen Sie mit einem Facharzt/einer Fachärztin über Ihre Vermutung. Je nachdem um welche Nahrungsmittel-Intoleranz- oder – Nahrungsmittel-Unverträglichkeit es sich handelt, sind unterschiedliche Tests durchzuführen.

Essen ist

ein Bedürfnis,

Genießen

eine Kunst!

(La Roche-

foucauld)

Was ist eine Histamin-Intoleranz?

Was ist Histamin?

Histamin ist ein biogenes Amin, das der Körper selbst produziert oder von außen über die Nahrung zugeführt bekommt.

Welche Funktionen hat das Histamin in unserem Körper?

Das Histamin in unserem Körper hat viele wichtige Funktionen.

Ein paar Beispiele:

Histamin ist an der Regulation der Körpertemperatur beteiligt

Histamin ist an der Regulation des Blutdruckes beteiligt

Histamin ist an der Hormonbildung beteiligt

Histamin ist an der Bildung von Magensaft beteiligt

Histamin regelt den Schlaf-Wach-Rhythmus

Histamin hat Einfluss auf unseren Appetit

Histamin hat Einfluss auf unsere Lernfähigkeit

Histamin hat Einfluss auf unsere Konzentration

Histamin hat Einfluss auf unser Gedächtnis

Histamin ist an der Immunabwehr beteiligt.

Dies sind nur ein paar Beispiele, worauf das Histamin in unserem Körper Einfluss hat.

Diese Auswahl reicht aber aus, damit Sie einen ersten Eindruck davon bekommen können, wie wichtig Histamin und die richtige Verarbeitung, der richtige Abbau in unserem Körper ist.

Wozu zählt die Histamin-Intoleranz?

Die Histamin-Intoleranz ist keine Allergie. Bei einer allergischen Reaktion bildet der Körper Antikörper.

Bei einer Histamin-Intoleranz werden keine Antikörper gebildet.

Sie löst im Körper aber ähnliche Beschwerden (zum Beispiel Magen-Darm-Probleme, Kopfschmerzen, Hautprobleme, Atemwegsprobleme, Herzprobleme) wie bei einer Allergie aus.

Deswegen wird die Histamin-Intoleranz auch als Pseudo-Allergie bezeichnet.

Was ist anders bei Menschen mit einer Histamin-Intoleranz?

Bei gesunden Menschen liegt der Histamingehalt im Körper in unbedenklicher Form vor und wird regelmäßig über das Enzym Diaminoxidase (abgekürzt DAO) abgebaut.

Bei Menschen mit einer Histamin-Intoleranz liegt ein Ungleichgewicht zwischen dem im Körper enthaltenen Histamin und dem Enzym Diaminoxidase vor.

Das Enzym Diaminoxidase baut das Histamin im Körper ab.

Ein Mangel an DAO führt dazu, dass das Histamin längere Zeit im Körper verbleibt, da es nicht so schnell abgebaut werden kann.

Dadurch verbleiben größere Mengen an Histamin im Körper, die dann typische Histamin bedingte Symptome auslösen können.

Beschwerden/ Symptome

Was sind die häufigsten Beschwerden, die im Zusammenhang mit einer Histamin-Intoleranz auftreten können?

Typische Histamin bedingte Beschwerden oder Symptome sind Folgende:

- leichte bis starke Kopfschmerzen bis hin zu Migräne

- laufende, verstopfte Nase oder chronischer Schnupfen

- Asthma

- Herzrhythmus-störungen

- niedriger Blutdruck

- Schwindel

- Übelkeit (allgemein oder nach dem Essen)

- Sodbrennen

- Völlegefühl

- Durchfall oder zu weicher Stuhl

- Bauchschmerzen oder Bauchkrämpfe

- Erbrechen oder Brechreiz

- Blähungen oder Blähbauch

- Erhöhter Stuhldrang

- Ausschläge

- Rötungen (Flushs)

- Nesselsucht

- Quaddeln

- Innere Unruhe

- Nervosität

- Schlafstörungen

- Hitzewallungen

- Schweißausbrüche

- Ein Gefühl von Schwäche, Antriebs-
  losigkeit

- Depressive Verstimmungen

- Bei Frauen: Regelbeschwerden (vor
  allem Schmerzen am ersten Tag der
  Regel)

- Im Extremfall kann es sogar zu einem
  anaphylaktischen Schock kommen

Warum ist es bei einer Histamin-Intoleranz wichtig, den Auslöser zu finden?

Bei einer Histamin-Intoleranz liegt die Ursache häufig in einer verminderten Fähigkeit des Körpers, Histamin abzubauen.

Die Symptome können sich ähneln, aber der tatsächliche Grund, warum der Histaminabbau gestört ist, variiert von Person zu Person.

Es ist daher wichtig, den Auslöser zu finden, um **gezielt und nachhaltig** die Symptome zu reduzieren und das Leben zu erleichtern.

Gründe, den Auslöser zu identifizieren:

- **Effektive Behandlung**: Ohne den Auslöser zu kennen, ist eine zielgerichtete Behandlung schwierig. Man könnte eine Reihe von Symptomen haben (wie Kopfschmerzen, Magen-Darm-Beschwerden), aber ohne Klarheit über den Ursprung könnte man die falschen Maßnahmen ergreifen.

- **Vermeidung unnötiger Einschränkungen**: Wenn man nicht weiß, was die Symptome tatsächlich auslöst, könnte man unnötig viele Lebensmittel vermeiden. Dies kann zu einer unnötig restriktiven Ernährung führen, die Nährstoffmängel und ein geringeres Wohlbefinden verursacht.

- **Kombination mit anderen Intoleranzen**: Histamin-Intoleranz ist oft mit anderen Unverträglichkeiten (wie Laktose- oder Fructoseintoleranz) verbunden. Den genauen Auslöser zu finden, hilft zu verstehen, wie die Intoleranzen möglicherweise zusammenhängen und welche Maßnahmen notwendig sind.

- **Unterschiedliche Reaktionen auf Lebensmittel**: Menschen reagieren sehr individuell auf verschiedene Lebensmittel. Einige können geringe Mengen Histamin vertragen, andere sind extrem empfindlich. Nur durch das Herausfinden der persönlichen Auslöser kann man sicherstellen, welche Lebensmittel toleriert werden können und welche vermieden werden müssen.

Warum hat man oft mehrere Intoleranzen gleichzeitig?

Es ist nicht ungewöhnlich, dass Menschen mit einer Histamin-Intoleranz gleichzeitig an anderen Nahrungsmittelunverträglichkeiten leiden.

Dies liegt an der **engen Verbindung zwischen dem Verdauungssystem und dem Immunsystem**, sowie an der Art und Weise, wie der Körper verschiedene Nährstoffe abbaut und verarbeitet.

Mögliche Ursachen für mehrere Intoleranzen:

- **Gemeinsame Enzymmängel**: Verschiedene Intoleranzen, wie Laktose-, Fructose- oder Sorbitintoleranz, haben oft mit Enzymmängeln zu tun, die bestimmte Lebensmittel nicht richtig abbauen können.

Wenn der Körper Schwierigkeiten hat, Enzyme für den Abbau von Histamin (DAO) zu produzieren, ist es möglich, dass auch andere Verdauungsenzyme betroffen sind.

- **Überlastung des Verdauungssystems**: Menschen mit einer Intoleranz sind oft empfindlicher auf eine Vielzahl von Lebensmitteln. Wenn ein Teil des Verdauungssystems geschwächt ist (z.B. durch entzündliche Prozesse oder bakterielle Ungleichgewichte), kann es schwieriger sein, verschiedene Nahrungsbestandteile zu verarbeiten.

- **Gestörte Darmflora**: Eine gestörte Darmflora (Dysbiose) ist eine häufige Ursache für mehrere Unverträglichkeiten. Bakterien im Darm spielen eine wichtige Rolle im Histaminabbau, aber auch bei der Verstoffwechselung von Zucker und anderen

Nahrungsbestandteilen. Eine unausgewogene Darmflora kann also sowohl Histamin- als auch andere Intoleranzen verschlimmern.

- **Chronische Entzündungen**: Bei Histamin-Intoleranz sind oft chronische Entzündungen im Körper vorhanden, die durch wiederholte Reizungen durch unverträgliche Lebensmittel verursacht werden. Dies kann das Verdauungssystem so stark belasten, dass es anfälliger für andere Nahrungsmittelunverträglichkeiten wird.

Was hat es mit Allergien im Zusammenhang mit einer Histamin-Intoleranz auf sich?

Allergien und Histamin-Intoleranz haben einige gemeinsame Merkmale, sind aber zwei unterschiedliche Mechanismen im Körper.

Bei einer Allergie handelt es sich um eine **Immunreaktion** auf ein Allergen, bei der das Immunsystem Antikörper (insbesondere IgE-Antikörper) produziert, um das Allergen zu bekämpfen.

Bei einer Histamin-Intoleranz hingegen ist das Problem der **Abbau von Histamin**, das entweder aus der Nahrung kommt oder im Körper freigesetzt wird.

Ähnlichkeiten und Unterschiede:

- **Ähnliche Symptome**: Die Symptome von Allergien und Histamin-Intoleranz können sich stark ähneln, wie z.B. Kopfschmerzen, Hautausschläge, Magen-Darm-Beschwerden oder Atemwegsprobleme. Das liegt daran, dass Histamin in beiden Fällen freigesetzt wird und für die Beschwerden verantwortlich ist.

- **Histaminfreisetzung bei Allergien**: Bei einer allergischen Reaktion setzt der Körper ebenfalls Histamin frei. Das bedeutet, dass Menschen mit einer Histamin-Intoleranz durch allergische Reaktionen noch mehr Histamin im Körper haben, was die Symptome verstärken kann.

- **Pseudo-Allergien**: Histamin-Intoleranz wird oft als **Pseudo-Allergie** bezeichnet, weil die Symptome wie bei einer Allergie durch die Freisetzung von Histamin verursacht werden, aber keine eigentliche Immunreaktion stattfindet. Es werden also keine Antikörper gegen das vermeintliche Allergen gebildet, was den Unterschied zu einer echten Allergie ausmacht.

Warum treten Allergien und Histamin-Intoleranz häufig zusammen auf?

- **Überaktive Mastzellen**: Mastzellen im Körper speichern und setzen Histamin frei. Bei Allergien sind diese Zellen überaktiv und setzen große Mengen Histamin frei, wenn sie mit einem Allergen in Kontakt kommen. Bei Menschen mit Histamin-Intoleranz kann das ohnehin schon geschwächte DAO-System überfordert sein, wenn zusätzlich durch eine Allergie Histamin freigesetzt wird.

- **Histamin als Mediator**: Histamin ist einer der Hauptmediatoren bei einer allergischen Reaktion. Das bedeutet, dass Menschen mit einer Histamin-Intoleranz besonders empfindlich auf jede Art von Histaminfreisetzung reagieren, sei es durch Nahrungsmittel, Pollen oder andere Allergene.

Zusammenhang zwischen Allergien und Histamin-Intoleranz:

Menschen mit einer Histamin-Intoleranz reagieren oft stärker auf Allergene, da ihr Körper bereits Schwierigkeiten hat, Histamin abzubauen. Dies kann zu einer Verstärkung der allergischen Symptome führen. Gleichzeitig kann eine hohe Belastung durch Allergien das Enzym DAO überfordern, was wiederum die Histamin-Intoleranz verschlimmern kann.

Wichtige Punkte im Zusammenhang mit Allergien:

- **Verstärkte Symptome**: Allergien können die Symptome einer Histamin-Intoleranz verschlimmern, da der Körper zusätzliche Histaminmengen freisetzt.

- **Kombination von Allergien und Intoleranzen**: Menschen mit Histamin-Intoleranz haben oft auch eine höhere Anfälligkeit für Allergien, da ihr Immunsystem insgesamt sensibler ist.

- **Abgrenzung**: Es ist wichtig, Allergien von einer Histamin-Intoleranz zu unterscheiden, da sie unterschiedliche Behandlungsansätze erfordern. Während Allergien oft mit Antihistaminika oder Immuntherapien behandelt werden, liegt der Fokus bei Histamin-Intoleranz auf der Regulierung des Histaminabbaus und der Ernährung.

Der Einfluss von Vitaminen auf den Histamingehalt im Körper:

Mehrere Studien haben herausgefunden, dass eine ausreichende Vitaminzufuhr Auswirkungen auf die Verträglichkeit des Histamins haben.

So haben Menschen, die an einer Histamin-Intoleranz leiden häufig ein Mangel an verschiedenen Vitaminen.

Besonders häufig ist hierbei der Mangel an Vitamin C und an Vitamin B 6.

So hilft vor allem Vitamin C bei akut auftretenden Histamin-Symptomen.

Ich empfehle Ihnen daher für Notfälle immer ein Vitamin C Präparat bei sich zu haben.

Gerade während der Anfangszeit der Ernährungsumstellung sollten Sie auf eine hohe Vitamin C und Vitamin B 6 Zufuhr achten.

Beide Vitamine bewirken, dass der Körper das Histamin besser verarbeiten kann.

Das Vitamin C wandelt das freigesetzte Histamin schneller um.

Das Vitamin B 6 dient als Co- Enzym für die Bildung der Diaminoxidase (DAO).

Einfluss der Omega-3- und Omega-6-Fettsäuren auf den Histaminabbau:

Eine Dysbalance zwischen Omega-3- und Omega-6-Fettsäuren kann den Histaminabbau beeinflussen.

- **Omega-3-Fettsäuren** (z.B. aus Fisch, Leinsamen, Leinöl oder Chiasamen) wirken entzündungshemmend und können die Freisetzung von Histamin reduzieren.

  Studien zeigen, dass Omega-3-Fettsäuren eine stabilisierende Wirkung auf die Mastzellen haben, die bei einer Histamin-Intoleranz oft überaktiv sind.

Sie helfen, die Zellmembranen zu stabilisieren, wodurch weniger Histamin freigesetzt wird.

- **Omega-6-Fettsäuren**, insbesondere die in industriell verarbeiteten Lebensmitteln (z.B. Sonnenblumenöl, Maisöl), fördern hingegen Entzündungsprozesse.

  Eine zu hohe Aufnahme von Omega-6 im Verhältnis zu Omega-3 kann das Ungleichgewicht verstärken und zu vermehrter Histaminfreisetzung führen.

  Daher ist es wichtig, das Verhältnis von Omega-3 zu Omega-6 im Körper in einem ausgewogenen Verhältnis (ca. 1:4 oder weniger) zu halten, um Entzündungen zu reduzieren und den Histaminabbau zu unterstützen.

Müssen Personen mit einer Histamin-Intoleranz Nahrungsergänzungsmittel nehmen?

Nahrungsergänzungsmittel sind nicht immer notwendig, aber bei einer Histamin-Intoleranz können sie hilfreich sein, insbesondere wenn eine ausreichende Zufuhr bestimmter Nährstoffe über die Ernährung schwierig ist oder der Körper Mängel aufweist.

Einige Ergänzungsmittel können direkt den Histaminabbau unterstützen und Symptome lindern:

a) Vitamin C:

- Vitamin C hat eine histaminsenkende Wirkung, da es hilft, Histamin schneller abzubauen. Es wirkt als Antioxidans und unterstützt die Funktion der DAO (Diaminoxidase), dem Enzym, das für den Histaminabbau zuständig ist.

b) Vitamin B6:

- Vitamin B6 dient als Co-Enzym für die Bildung der DAO. Ein Mangel an B6 kann die Aktivität des Enzyms reduzieren und damit den Histaminabbau hemmen.

c) Vitamin D:

- Vitamin D unterstützt das Immunsystem und kann Entzündungen verringern, die durch Histamin verstärkt werden. Es hilft dabei, die Immunreaktion zu regulieren und Entzündungen zu senken.

d) Magnesium:

- Magnesium hilft, Entzündungen zu reduzieren und die Reizbarkeit von Nerven zu verringern, die bei einer Histaminreaktion beteiligt sind. Ein Magnesiummangel kann die Ausschüttung von Histamin verstärken.

e) Quercetin:

- Quercetin ist ein natürliches Flavonoid, das in Obst und Gemüse vorkommt und als natürlicher Histaminblocker fungiert. Es stabilisiert die Mastzellen und verhindert, dass sie zu viel Histamin freisetzen.

f) Omega-3-Fettsäuren:

- Wie oben erwähnt, helfen Omega-3-Fettsäuren, Entzündungen zu reduzieren und die Mastzellaktivität zu regulieren. Sie können das Gleichgewicht der Fettsäuren im Körper verbessern und den Histaminabbau unterstützen.

g) DAO-Enzympräparate:

- Es gibt Enzympräparate, die die Aktivität der DAO unterstützen und helfen, Histamin aus der Nahrung besser abzubauen.

Fazit:

Die Einnahme von Nahrungsergänzungsmitteln ist für Personen mit einer Histamin-Intoleranz nicht zwingend erforderlich, aber in vielen Fällen hilfreich, um den Histaminabbau zu unterstützen und Symptome zu lindern.

Besonders Vitamin C, B6 und Omega-3-Fettsäuren haben nachweislich positive Effekte auf die Reduktion von Histamin im Körper.

Es ist wichtig, diese Ergänzungen gezielt und in Absprache mit einem Arzt einzusetzen, besonders wenn bekannte Mängel vorliegen.

Tests und Nahrungsergänzungsmittel finden Sie zum Beispiel bei ZINZINO. Ich helfe Ihnen da gerne bei der Auswahl.
https://www.zinzino.com/2016392442

DAO-Enzympräparate

DAO-Enzympräparate sind ein wichtiges Thema für Menschen mit Histamin-Intoleranz.

Sie können helfen, den Histaminabbau zu unterstützen, doch sie sind nicht immer für jeden die ideale Lösung.

Was bewirken DAO-Enzympräparate?

DAO-Enzympräparate enthalten das Enzym **Diaminoxidase (DAO)**, das für den Abbau von Histamin im Körper verantwortlich ist. Histamin entsteht entweder endogen (wird im Körper gebildet) oder wird durch die Nahrung aufgenommen. Bei Menschen mit einer Histamin-Intoleranz funktioniert der Abbau des Histamins nicht richtig, weil entweder zu wenig DAO im Körper produziert wird oder dessen Aktivität eingeschränkt ist. Das führt zu einer Ansammlung von Histamin im Körper, was dann Symptome wie Kopfschmerzen, Hautausschläge, Magen-Darm-Beschwerden oder Kreislaufprobleme verursacht.

DAO-Präparate zielen darauf ab, den Histaminabbau im Magen-Darm-Trakt zu unterstützen. Sie ersetzen oder verstärken das körpereigene DAO und helfen, das über die Nahrung aufgenommene Histamin schneller abzubauen, bevor es in den Blutkreislauf gelangt.

Wofür werden DAO-Enzympräparate angewendet?

DAO-Enzympräparate werden speziell zur **Linderung von Symptomen der Histamin-Intoleranz** verwendet, die durch den Verzehr histaminreicher Lebensmittel verursacht werden.

Sie sind hilfreich in Situationen, in denen es schwierig ist, histaminreiche Lebensmittel zu vermeiden, wie z.B. bei Restaurantbesuchen oder besonderen Anlässen, wo man keine volle Kontrolle über die Zutaten hat.

Anwendungsgebiete:

- **Vor den Mahlzeiten**: Die Präparate werden etwa 15-30 Minuten vor einer Mahlzeit eingenommen, die möglicherweise histaminreiche Lebensmittel enthält, um das im Essen enthaltene Histamin abzubauen.

- **Akute Phasen**: Sie können auch in akuten Situationen hilfreich sein, wenn Symptome wie Kopfschmerzen oder Magenbeschwerden auftreten und man den Verdacht hat, dass diese durch Histamin verursacht wurden.

Gibt es verschiedene Varianten von DAO-Präparaten?

Ja, es gibt unterschiedliche Varianten von DAO-Enzympräparaten, die sich in ihrer Zusammensetzung und Form unterscheiden:

- **DAO-Kapseln/Tabletten**: Die gängigste Darreichungsform sind Kapseln oder Tabletten, die das Enzym in einer standardisierten Dosis enthalten.

- **DAO in Kombination mit anderen Nährstoffen**: Manche Präparate kombinieren DAO mit Vitaminen, insbesondere **Vitamin C** und **Vitamin B6**, die ebenfalls den Histaminabbau unterstützen. Solche Kombipräparate können einen zusätzlichen Nutzen bieten.

- **DAO-Enzyme natürlichen Ursprungs**: In einigen Fällen wird das DAO-Enzym aus tierischen Quellen gewonnen, typischerweise aus Schweinenieren oder anderen tierischen Organen. Es gibt jedoch auch pflanzliche Alternativen oder synthetisch hergestellte Varianten, die für Menschen mit vegetarischen oder veganen Vorlieben geeignet sind.

Helfen DAO-Enzympräparate jedem?

DAO-Präparate wirken nicht bei allen Menschen gleich gut. Ihr Erfolg hängt stark davon ab, ob der Hauptgrund für die Histamin-Intoleranz tatsächlich ein Mangel oder eine verminderte Aktivität des DAO-Enzyms ist.

Bei Menschen, deren Histamin-Intoleranz auf eine unzureichende DAO-Produktion zurückzuführen ist, können diese Präparate sehr wirksam sein und die Symptome deutlich lindern.

Allerdings gibt es auch Fälle, in denen andere Mechanismen (z.B. Probleme mit der Histaminfreisetzung aus Mastzellen oder mangelnder Histaminabbau über die Leber) eine Rolle spielen. In solchen Fällen sind DAO-Präparate möglicherweise weniger wirksam.

Indikatoren für die Wirksamkeit:

- Wenn Symptome durch den Verzehr histaminreicher Lebensmittel (wie Rotwein, reifer Käse, Wurstwaren) auftreten und nach der Einnahme von DAO-Präparaten weniger werden, könnte dies ein Hinweis darauf sein, dass DAO-Mangel die Ursache der Intoleranz ist.

- Wenn Symptome weiterhin bestehen, könnte das Problem anders gelagert sein, und ein DAO-Präparat wird weniger helfen.

Sind DAO-Enzympräparate für eine Dauermedikation geeignet?

DAO-Präparate sind in der Regel **nicht als Dauermedikation** gedacht.

Sie sind eher als Ergänzung zu einer histaminarmen Ernährung gedacht, um kurzfristig Beschwerden zu lindern oder in Situationen zu helfen, in denen es schwierig ist, histaminreiche Lebensmittel zu vermeiden.

Gründe gegen eine Dauermedikation:

- **Symptombekämpfung statt Ursachenbehandlung**: DAO-Präparate bekämpfen die Symptome, aber sie ändern nichts an der zugrunde liegenden Ursache der Histamin-Intoleranz.

- **Kosten**: DAO-Präparate sind oft teuer, besonders wenn sie regelmäßig eingenommen werden.

- **Langfristige Wirksamkeit**: Langzeitstudien zur kontinuierlichen Einnahme von DAO-Präparaten fehlen weitgehend, und es ist nicht klar, wie sich eine langfristige Einnahme auf den Körper auswirkt.

Ernährungsanpassung vs. DAO-Präparate

Eine langfristig erfolgreiche Strategie bei Histamin-Intoleranz basiert in erster Linie auf einer **angepassten Ernährung**.

Menschen mit Histamin-Intoleranz sollten lernen, histaminreiche Lebensmittel zu vermeiden oder in geringen Mengen zu sich zu nehmen, um Symptome zu reduzieren.

Eine individuelle Toleranzgrenze zu finden ist dabei entscheidend.

- **Histaminarme Ernährung**: Eine bewusste Auswahl von frischen, unverarbeiteten Lebensmitteln mit geringem Histamingehalt ist der sicherste Weg, um Beschwerden zu vermeiden. Stark gereifte oder fermentierte Lebensmittel wie reifer Käse, Salami, Rotwein, Sauerkraut und geräuchertes Fleisch sollten weitgehend gemieden werden.

- **Kurzfristiger Einsatz von DAO-Präparaten**: DAO-Präparate sind besonders dann sinnvoll, wenn man im Alltag oder auf Reisen die Ernährung nicht immer perfekt kontrollieren kann. Sie sollten jedoch nicht die einzige Maßnahme bleiben.

Fazit:

DAO-Enzympräparate sind eine nützliche Hilfe für Menschen mit Histamin-Intoleranz, insbesondere wenn die Symptome durch eine unzureichende DAO-Produktion ausgelöst werden.

Sie eignen sich gut für **akute Situationen** oder **besondere Anlässe**, sollten jedoch nicht als **Dauermedikation** eingesetzt werden.

Eine dauerhafte Linderung lässt sich am besten durch eine **angepasste Ernährung** und den bewussten Umgang mit histaminreichen Lebensmitteln erreichen. Ergänzend können Vitamine die Therapie unterstützen.

Selbsttest

Selbsttest auf eine möglicherweise vorliegende Histamin-Intoleranz:

Frage 1:

Haben Sie häufig Magen-Darm-Beschwerden, wie Bauchschmerzen, Krämpfe, Durchfälle, Übelkeit, Sodbrennen, Brechreiz, Erbrechen, Völlegefühl, Blähungen, Blähbauch?

Ja ( )

Nein ( )

<u>Frage 2:</u>

Sind Sie nach dem Essen oft müde?

Ja   (   )
Nein (   )

<u>Frage 3:</u>

Müssen Sie häufig Wasser lassen (erhöhte Stuhlfrequenz, unangenehmer Stuhldrang)?

Ja   (   )
Nein (   )

<u>Frage 4:</u>

Haben Sie häufig leichte bis starke Kopfschmerzen oder Migräne?

Ja   (   )
Nein (   )

<u>Frage 5:</u>

Leiden Sie an immer wiederkehrenden
Hautausschlägen?

Ja   (   )
Nein (   )

<u>Frage 6:</u>

Läuft Ihnen oft die Nase oder haben Sie das Gefühl Schnupfen zu haben, obwohl Sie gar nicht erkältet sind?

Ja (   )
Nein (   )

<u>Frage 7:</u>

Schwellen bei Ihnen ganz plötzlich Lidern, Lippen, Gesicht oder die Nasenschleimhäute an?

Ja (   )
Nein (   )

Frage 8:

Haben Sie Herzrhythmus-Störungen?

Ja (   )
Nein (   )

Frage 9:

Haben Sie einen niedrigen Blutdruck (Schwindelgefühle)?

Ja (   )
Nein (   )

Frage 10:

Haben Sie Regelbeschwerden (nur bei Frauen)?

Leiden Sie an starken Schmerzen, Kämpfen besonders zu Beginn der Regel?

Ja   (   )

Nein (   )

Frage 11:

Haben Sie nach dem Verzehr von lang gereiftem Käse, Rotwein, Sekt oder Champagner häufig Hitzewallungen, Atemnot oder treten bei Ihnen eines oder mehrere der in den Fragen 1-9 aufgeführten Beschwerden auf?

Ja   (   )

Nein (   )

Frage 12:

Haben Sie das Gefühl einige Medikamente oder/und Röntgenkontrastmittel nicht gut zu vertragen?

Ja   (   )
Nein (   )

Frage 13:

Leiden Sie nach starker körperlicher Anstrengung (z.B. nach dem Sport) an einem oder an mehreren der in den Fragen 1-9 aufgeführten Beschwerden?

Ja   (   )
Nein (   )

<u>Frage 14:</u>

Treten bei Ihnen bei länger anhaltendem Stress oder plötzlichem seelischen Stress bei Ihnen eine oder mehrere der in den Fragen 1-9 aufgeführten Beschwerden auf?

Ja   (   )

Nein (   )

<u>Frage 15:</u>

Haben Sie nach dem Verzehr von Schokolade eines oder mehrere der in den Fragen 1-9 aufgeführten Symptome?

Ja   (   )

Nein (   )

<u>Frage 16:</u>

Haben Sie nach dem Verzehr von Zitrusfrüchten (wie beispielsweise Zitronen oder Orangen) eines oder mehrere der in den Fragen 1-9 aufgeführten Symptome?

Ja   (   )

Nein (   )

<u>Frage 17:</u>

Haben Sie nach dem Verzehr von verarbeitetem Fleisch (wie Wurstwaren (Salami, roher Schinken) oder bei geräucherten und gesalzenen Wurstwaren) eines oder mehrere der in den Fragen 1-9 aufgeführten Symptome?

Ja   (   )

Nein (   )

<u>Frage 18:</u>

Haben Sie nach dem Verzehr von Gemüsen, wie Sauerkraut, Auberginen, Avocados, Spinat oder Tomaten eines oder mehrere der in den Fragen 1-9 aufgeführten Symptome?

Ja   (   )
Nein (   )

<u>Frage 19:</u>

Haben Sie nach dem Verzehr von bestimmtem Obst, wie Erdbeeren, Ananas, Kiwi, Bananen, Himbeeren oder Pflaumen eines oder mehrere der in den Fragen 1-9 aufgeführten Symptome?

Ja   (   )
Nein (   )

<u>Frage 20:</u>

Haben Sie nach dem Verzehr von bestimmten Sorten Fisch, wie Thunfisch, Makrelen, Matjes, Hering, Sardinen (besonders dann, wenn Sie geräuchert und gesalzen wurden) eines oder mehrere der in den Fragen 1-9 aufgeführten Symptome?

Ja ( )
Nein ( )

<u>Frage 21:</u>

Haben Sie nach dem Verzehr von einigen Fertigprodukten eines oder mehrere der in den Fragen 1-9 aufgeführten Symptome?

Ja ( )
Nein ( )

<u>Frage 22:</u>

Haben Sie nach dem Verzehr von schwarzem Tee eines oder mehrere der in den Fragen 1-9 aufgeführten Symptome?

Ja   (   )
Nein (   )

<u>Frage 23:</u>

Haben Sie nach dem Verzehr von Soja-produkten eines oder mehrere der in den Fragen 1-9 aufgeführten Symptome?

Ja   (   )
Nein (   )

<u>Frage 24:</u>

Haben Sie nach dem Verzehr von Hefe, besonders in vielen Fertigprodukten vorkommenden Hefeextrakte eines oder mehrere der in den Fragen 1-9 aufgeführten Symptome?

Ja   (   )

Nein (   )

<u>Frage 25:</u>

Haben Sie nach dem Verzehr von Tafelessig eines oder mehrere der in den Fragen 1-9 aufgeführten Symptome?

Ja   (   )

Nein (   )

Auswertung:

Wenn Sie mehr als 15 der aufgeführten 25 Fragen mit „ja" beantwortet haben, dann könnte bei Ihnen möglicherweise eine Histamin-Intoleranz vorliegen.

Testmöglichkeiten

Bitte beachten Sie, dass dieser Selbsttest keine ärztliche Diagnose ersetzt.

Wenn Sie den Verdacht haben, an einer Histamin-Intoleranz zu leiden, dann sprechen Sie bitte mit einem Facharzt/ einer Fachärztin,

Ihrem Hausarzt/Ihrer Hausärztin oder

einem ausgebildeten Ernährungsberater/einer ausgebildeten Ernährungsberaterin über Ihren Verdacht/ Ihre Vermutung.

Aktuelle Testmöglichkeiten auf eine Histamin-Intoleranz:

- Untersuchung des Histaminspiegels im Blut

- Untersuchung des Histaminspiegel im Urin

- Untersuchung der Diaminoxidase-Aktivität im Blut

- Durchführung eines H40-Hauttestes

Aktuell können diese Untersuchungen lediglich Anhaltspunkte auf eine vorliegende Histamin-Intoleranz geben.

Einen sicheren standardisierten Test für die Diagnose gibt es bislang leider nicht.

Die Tests können bei Allgemeinmedizinern, Internisten, Gastroenterologen, Allergologen oder Ernährungsmedizinern durchgeführt werden.

Fragen Sie bitte bei Ihrem Arzt nach, welche Tests dieser durchführen kann.

Haben die Tests ergeben, dass Sie womöglich an einer Histamin-Intoleranz leiden,

dann geht es im nächsten Schritt jetzt darum, dass die Diagnose bei Ihnen sichergestellt wird.

Diagnosestellung

Bei der Diagnosestellung empfehle ich Ihnen folgende nächste Schritte:

Zuerst wird ein ausgiebiges Ernährungstagebuch über etwa 1-2 Wochen geführt, wo Angaben zu den gegessenen Lebensmitteln aufgeführt werden und welche Beschwerden man an dem Tag oder nach dem Essen hatte.

Ein Ernährungsberater/-in hilft Ihnen dann bei der Auswertung des Ernährungstagebuches.

Liegt hierbei der Verdacht vor, dass die Symptome von einer Histamin-Intoleranz kommen und wenn andere Krankheiten oder Allergien bereits ausgeschlossen wurden, dann folgt die sogenannte Karenzphase.

Während der Karenzphase sollten Sie jegliche Lebensmittel meiden, die nach jetzigem Stand histaminbedingte Beschwerden hervorrufen können.

Diese Karenzphase sollte 4-6 Wochen dauern.

Wenn Sie während dieser Zeit beschwerdefrei oder zumindest deutlich beschwerdefreier werden,

dann kann die nächste Testphase erfolgen.

Bitte führen Sie während dieser Zeit weiterhin das Ernährungstagebuch.

Hierbei nehmen Sie extra ein sehr histaminreiches Lebensmittel zu sich.

Sollten Ihre Beschwerden danach wiederkommen oder schlimmer werden, dann wird die Diagnose Histamin-Intoleranz gestellt.

Nach der Karenzphase bietet sich die sogenannte Testphase an.

Während dieser Zeit testen Sie jeden zweiten oder dritten Tag ein neues Lebensmittel aus.

Sollten nach dem Verzehr oder innerhalb der nächsten 24 Stunden keine histaminbedingten Symptome auftreten, dann vertragen Sie vermutlich dieses Lebensmittel.

Um aber einen Irrtum bei der Verträglichkeit auszuschließen ist es wichtig, dass Sie das Lebensmittel nach ein paar Wochen erneut austesten.

Sollten dann wieder keine Symptome auftreten, können Sie das Lebensmittel wieder in Ihren Speiseplan integrieren.

Bitte führen Sie auch während dieser Testphase weiterhin ein Ernährungstagebuch.

Bitte beachten Sie, auch, dass die Verträglichkeit von verschiedenen Lebensmitteln noch von anderen Faktoren abhängen kann.

Denn jeder Mensch ist unterschiedlich ist und jeder Mensch verträgt auch unterschiedliche Mengen an Histamin.

Hier ist es wichtig, dass jeder seine individuelle Toleranzgrenze findet.

Allerdings spielen hierbei auch äußere Faktoren eine Rolle.

Wenn Sie beispielsweise unter Heuschnupfen leiden, dann wird Ihre Toleranzgrenze während der akuten Phase des Heuschnupfens vermutlich niedriger liegen, als wenn Sie gerade keine Probleme mit Heuschnupfen haben.

Frauen vertragen häufig ein paar Tage vor der Regel deutlich weniger Histamin als zu anderen Tagen.

Der allgemeine Gesundheitszustand, verschiedene Krankheiten (wie z.B. Erkältungen), Stress, Sorgen, Nöte, Niedergeschlagenheit, schlechte Laune oder andere Allergien spielen bei der individuellen Toleranzgrenze eine wichtige Bedeutung.

Bei der Verträglichkeit eines Lebensmittels kommt es nicht nur auf die verzehrte Menge an, sondern auch auf den Histamingehalt eines Lebensmittels.

Dieser ist auch bei ein und demselben Lebensmittel unterschiedlich.

Allgemein gilt, je frischer das Lebensmittel ist, desto weniger Histamin enthält es in der Regel.

Allerdings gibt es schon Lebensmittel, die an sich einen sehr hohen Histamingehalt aufweisen und daher eher gemieden werden sollten.

Ein Beispiel: Während eine noch eher grüne Banane relativ wenig Histamin aufweist, so enthält eine braune Banane sehr viel Histamin.

Liste

Liste mit verträglichen und nicht verträglichen Lebensmitteln:

Vorweg:

Die Liste erhebt keinen Anspruch auf Vollständigkeit.

Zudem ist jeder Mensch unterschiedlich und hat eine individuelle Toleranzgrenze. Was eine Person verträgt, muss die andere Person nicht auch vertragen.

In nahezu jedem Lebensmittel ist Histamin enthalten.

Testen Sie daher vorsichtig aus, welche Lebensmittel Sie vertragen,

in welcher Menge Sie die Lebensmittel vertragen und welche Sie nicht vertragen.

Folgende Lebensmittel haben nur einen geringen Histamingehalt und werden deshalb meist gut vertragen:

- Backwaren aus Dinkelmehl oder glutenfreiem Mehl mit Weinsteinbackpulver
- Getreide und Pseudogetreide: Dinkel, Hafer, Quinoa, Hirse, Mais, Reis, Hanfsamen
- Gemüse: Brokkoli oder Blumenkohl, Gurke, Kürbis, Zucchini, Paprika, Karotten/ Möhren, Rote Beete, Radieschen, Fenchel, Mais, Spargel, Salat
- Kartoffeln oder Süßkartoffeln
- Obst: Heidelbeeren, Johannisbeeren, Brombeeren, Melone, Pfirsich, Apfel, Preiselbeere, Aprikose, Cranberry, Nektarine, Rhabarber, Datteln
- Milchprodukte: Joghurt, Quark, Mozzarella, junger Gouda, junger Butterkäse, Frischkäse, Sahne
- Kalbfleisch, Putenfleisch, Hähnchenbrust

- Kräuter: Basilikum, Salbei, Schnitt-
  lauch, Oregano, Thymian
- Eigelb
- Vanille
- Butter
- Öle: Rapsöl, Olivenöl, Kokosöl, Ko-
  kosfett
- Branntweinessig
- Kokosnuss
- Honig, Ahornsirup, Reissirup, Aga-
  vendicksaft

Liste: Histaminreicher Lebensmittel, die Betroffene meistens nicht gut vertragen:

- Fertigprodukte, Konserven
- Rohe Wurstsorten, wie zum Beispiel Salami, geräucherter Schinken
- Reifer Käse, wie Emmentaler, Camembert, Cheddar, Parmesan
- Walnüsse, generell Nüsse (Ausnahme Mandeln)
- Kakao und Schokolade
- Eiweiß
- Gemüse, wie Tomaten, Avocados, Sauerkraut, Spinat, Aubergine
- Schweinefleisch, Thunfisch, Meeresfrüchte und Schalentiere
- Backwaren mit Hefeteig oder Sauerteig
- Weizenprodukte, dazu zählen auch Nudeln
- Gegorene Flüssigkeiten wie Essig (Weinessig und Balsamico), Sojasauce
- Getränke:
  Kaffee, schwarzer Tee, grüner Tee

Kakao, Energy-Drinks, Wein, Sekt,
Bier, generell alkoholische Getränke
- Scharfe Gewürze
- Lakritz
- Obst: Erdbeeren, Kiwi, Ananas, Bananen
- Sojaprodukte
- Zitrusfrüchte
- Farbstoffe und künstliche Zusatzstoffe im Essen

Einschätzung

Die Liste beruht auf den Erfahrungen der Autorin, die selbst von einer Histamin-Intoleranz betroffen ist.

Eine ausführlichere Liste von Fachexperten finden Sie von der SGHI (Schweizerische Interessengemeinschaft Histamin-Intoleranz).

Das ist eine Lebensmittel-Verträglichkeitsliste.

Dort werden die Lebensmittel aufgeteilt, nach Stufen des Histamingehaltes und auch ob es Libratoren sind.

Diese Liste ist eine gute Orientierung für Personen mit einer Histamin-Intoleranz.

Da aber jeder Mensch unterschiedlich ist und unterschiedliche Lebensmittel verträgt, empfehle ich Ihnen Folgendes.

Führen Sie am besten ein Ernährungsprotokoll darüber und zeigen Sie diese Protokolle einem Ernährungsmediziner/ einer Ernährungsmedizinerin oder einem ausgebildeten Ernährungsberater/ einer ausgebildeten Ernährungsberaterin.

Achte bei der Auswahl der Lebensmittel, besonders bei Obst und Gemüse, auf Bioqualität!

Ernährungstagebuch führen:

Ein Ernährungstagebuch ist ein wertvolles Werkzeug für Menschen mit Histamin-Intoleranz, um herauszufinden, welche Lebensmittel Symptome auslösen und welche gut vertragen werden. Es hilft, einen Überblick über die Ernährung, Symptome und mögliche Auslöser zu erhalten.

Hier ist ein Beispiel für ein einfach strukturiertes **Ernährungstagebuch**, das dir helfen kann, den Zusammenhang zwischen Ernährung und Symptomen zu dokumentieren:

Ernährungstagebuch – Beispiel

Datum	Uhrzeit	Mahlzeit/ Snacks	Verzehrte Lebensmittel	Getränke	Symptome (Art und Zeitpunkt)
15.09.	08:00	Frühstück	Glutenfreies Müsli mit Hafermilch, Heidelbeeren, Chiasamen	Grüner Tee	Leichte Kopfschmerzen (ca. 09:30)
15.09.	12:30	Mittagessen	Gegrilltes Hühnchen, Quinoa-Salat mit Gurke und Paprika, Olivenöl-Dressing	Wasser	Keine Symptome

Datum	Uhrzeit	Mahlzeit/ Snacks	Verzehrte Lebensmittel	Getränke	Symptome (Art und Zeitpunkt)
15.09.	16:00	Snack	Apfel	Wasser	Blähungen und Völlegefühl (ca. 17:00)
15.09.	19:00	Abendessen	Gedämpfter Brokkoli, Kartoffeln, Lachs (gebraten in Rapsöl)	Wasser	Keine Symptome
15.09.	21:30	Snack	Dunkle Schokolade (75%)	Kräutertee	Hautrötung und Juckreiz (ca. 22:00)
16.09.	08:00	Frühstück	Glutenfreies Brot mit Mandelbutter, Banane	Wasser	Leichtes Sodbrennen (ca. 08:45)
16.09.	12:30	Mittagessen	Putenbrust, Zucchini, Süßkartoffeln (gedünstet), Leinöl	Wasser	Keine Symptome
16.09.	16:00	Snack	Mandeln	Wasser	Keine Symptome
16.09.	19:00	Abendessen	Gemüsesuppe (Zucchini, Karotten, Süßkartoffeln), Reis	Wasser	Keine Symptome

Da-tum	Uhr-zeit	Mahl-zeit/ Snacks	Verzehrte Lebensmittel	Ge-tränke	Symptome (Art und Zeitpunkt)
16.09.	21:30	Snack	Gurkenscheiben, Karottensnack	Wasser	Keine Symptome

----

Erklärung der Spalten:

1. **Datum**: Hier wird das Datum eingetragen, um den Tagesverlauf festzuhalten.

2. **Uhrzeit**: Zeitpunkt der Mahlzeit oder des Snacks.

3. **Mahlzeit/ Snacks**: Bezeichnung der Mahlzeit (Frühstück, Mittagessen, Abendessen, Snack).

4. **Verzehrte Lebensmittel**: Detaillierte Auflistung der einzelnen Zutaten der Mahlzeit oder des Snacks. Versuche, genaue Angaben zu machen (z.B. welche Früchte, welche Gewürze etc.).

5. **Getränke**: Vermerk der zu den Mahlzeiten getrunkenen Getränke (Wasser, Tee, Kaffee etc.).

6. **Symptome (Art und Zeitpunkt)**: In dieser Spalte werden jegliche Symptome

notiert, die nach der Mahlzeit aufgetreten sind, wie z.B. Kopfschmerzen, Hautreaktionen, Übelkeit, Blähungen etc. Es ist wichtig, auch den **Zeitpunkt** des Auftretens der Symptome festzuhalten.

Tipps zur Führung eines Ernährungstagebuchs:

- **Detaillierte Angaben**: Achte darauf, so genau wie möglich zu beschreiben, was du isst und trinkst, auch Gewürze oder Zubereitungsarten. Das hilft später, mögliche Auslöser zu identifizieren.

- **Symptome sofort notieren**: Notiere die Symptome so bald wie möglich, um den Zusammenhang mit dem Essen besser festzustellen.

- **Beobachtungszeitraum**: Führe das Tagebuch für mindestens 1-2 Wochen, um Muster zu erkennen. In dieser Zeit solltest du auch auf Stress, Schlafqualität und sportliche Aktivitäten achten, da diese Faktoren ebenfalls Einfluss auf die Symptome haben können.

- **Ernährungsprotokolle teilen**: Zeige dein Ernährungstagebuch einem Ernährungsberater oder Arzt, um gemeinsam Auslöser zu identifizieren und Empfehlungen zu erhalten.

Fazit:

Ein Ernährungstagebuch kann dir helfen, den Einfluss bestimmter Lebensmittel auf deine Histamin-Intoleranz zu verstehen und deine Ernährung entsprechend anzupassen.

Sport, Stress, Hitze und Kälte und ihre Auswirkungen auf eine Histamin-Intoleranz

Warum kann Sport schlecht bei einer Histamin-Intoleranz sein?

Bei körperlicher Anstrengung wird **Histamin** auf natürliche Weise im Körper freigesetzt.

Sport erhöht die Durchblutung und sorgt dafür, dass Mastzellen vermehrt Histamin freisetzen, um die Muskeln und Blutgefäße zu erweitern.

Für Menschen mit einer Histamin-Intoleranz, deren Körper Schwierigkeiten hat, Histamin effektiv abzubauen, kann dieser erhöhte Histaminspiegel problematisch sein.

Wie wirkt sich Sport bei Histamin-Intoleranz aus?

- **Erhöhte Histaminfreisetzung**: Bei intensiver körperlicher Aktivität werden Mastzellen angeregt, mehr Histamin freizusetzen. Das passiert besonders bei Ausdaueraktivitäten wie Joggen oder Radfahren.

- **Verstärkte Symptome**: Zu viel freigesetztes Histamin kann zu typischen Symptomen wie Kopfschmerzen, Übelkeit, Hautrötungen, Nesselsucht, Bauchkrämpfen oder sogar Kreislaufproblemen führen. Besonders Menschen, die generell schon eine hohe Histaminlast haben, spüren diese Auswirkungen stärker.

- **Individuelle Toleranz**: Manche Betroffene vertragen moderate Bewegung wie Spaziergänge oder leichte Dehnübungen gut, während intensive Workouts zu Symptomen führen können. Hier gilt es, die eigene Toleranzgrenze zu finden und entsprechend die Sportarten und -intensität anzupassen.

- **Maßnahmen**: Um die Histaminfreisetzung zu reduzieren, kann es helfen, den Sport weniger intensiv zu gestalten, Ruhephasen einzubauen und vor dem Training für ausreichend Flüssigkeit und Vitamine (z.B. Vitamin C) zu sorgen, da diese das Histamin neutralisieren können.

Was bewirkt Stress bei einer Histamin-Intoleranz?

Stress – ob physisch oder emotional – führt dazu, dass der Körper vermehrt **Cortisol und Adrenalin** ausschüttet.

Diese Stresshormone wirken auf das Immunsystem und können ebenfalls die Freisetzung von Histamin fördern.

Wie wirkt sich Stress auf die Histamin-Intoleranz aus?

- **Freisetzung von Histamin**: Unter Stressbedingungen setzt der Körper verstärkt Histamin frei.

  Dies liegt an der Aktivierung der Mastzellen, die durch Stressreaktionen sensibilisiert werden.

  So kann emotionaler Stress, z.B. durch Druck bei der Arbeit oder in persönlichen Beziehungen, genauso wie physischer Stress durch

Krankheit oder körperliche Belastung die Histaminmenge im Körper erhöhen.

- **Verstärkte Symptome**: Stress kann typische Histamin-Symptome verstärken.

Dies zeigt sich in Form von Kopfschmerzen, Schwindel, Magen-Darm-Beschwerden oder Hautreaktionen wie Nesselsucht.

Oft berichten Menschen mit Histamin-Intoleranz, dass sich ihre Symptome in besonders stressigen Phasen deutlich verschlechtern.

- **Erhöhte Empfindlichkeit**: Lang anhaltender Stress kann den Körper empfindlicher gegenüber Histamin machen.

Bei chronischem Stress ist die Belastung des Immunsystems und der Verdauung höher, wodurch der Histaminabbau weiter gestört werden kann.

- **Maßnahmen**: Entspannungstechniken wie Meditation, Yoga oder Atemübungen (z.B. die im Buch vorgestellte 4-6-Atmung) können helfen, die Stressreaktion zu mildern und damit die Histaminfreisetzung zu kontrollieren.

Außerdem sollte man auf ausreichend Schlaf und eine ausgeglichene Lebensweise achten, um den Stresslevel zu senken.

Was bewirkt Hitze oder Kälte bei einer Histamin-Intoleranz?

Extreme Temperaturen, sowohl Hitze als auch Kälte, können ebenfalls eine Histaminfreisetzung im Körper auslösen und so die Symptome einer Histamin-Intoleranz verstärken.

Hitze:

- **Erweiterung der Blutgefäße**: Bei hohen Temperaturen versucht der Körper, die Hitze abzugeben, indem die Blutgefäße erweitert werden. Diese Gefäßerweiterung wird teilweise durch die Freisetzung von Histamin gesteuert, was bei Menschen mit Histamin-Intoleranz zu Problemen führen kann.

- **Verstärkte Symptome**: Durch die vermehrte Histaminfreisetzung bei Hitze können Symptome wie Kopfschmerzen, Hautrötungen (Flush), Kreislaufprobleme oder Schwindel verstärkt auftreten. Hitzewallungen und Schwitzen können auch eine zusätzliche Belastung darstellen.

- **Vermeidung extremer Hitze**: Menschen mit Histamin-Intoleranz sollten extreme Hitze meiden, indem sie z.B. an sehr heißen Tagen in klimatisierten Räumen bleiben oder ausreichend Flüssigkeit zu sich nehmen. Kalte Duschen oder das Meiden von heißen Bädern kann ebenfalls helfen, die Symptome zu lindern.

-

Kälte:

- **Mastzellaktivierung**: Kälte kann ebenfalls die Freisetzung von Histamin aus Mastzellen fördern. Besonders Kältereize wie kaltes Wetter oder kaltes Wasser können diese Reaktion auslösen.

- **Symptome bei Kälte**: Manche Betroffene reagieren mit Hautausschlägen oder Nesselsucht, wenn sie

Kältereizen ausgesetzt sind. Zusätzlich können kalte Temperaturen die Symptome wie Kopfschmerzen oder Schwindel verstärken.

- **Maßnahmen**: Vermeidung von starkem Kältekontakt, das Tragen angemessener Kleidung und das Meiden von sehr kalten Speisen oder Getränken können helfen, Symptome zu vermeiden.

Fazit:

- **Sport** kann bei Histamin-Intoleranz problematisch sein, da intensive körperliche Aktivität die Histaminfreisetzung fördert. Leichte bis moderate Bewegung ist oft besser verträglich.

- **Stress** verstärkt die Histaminfreisetzung und verschlimmert die Symptome. Entspannungstechniken und ein stressfreier Lebensstil sind daher entscheidend für das Symptommanagement.

- **Extreme Temperaturen**, sowohl Hitze als auch Kälte, können ebenfalls die Histaminfreisetzung anregen und Symptome verschlimmern. Ein moderates Klima und die Vermeidung extremer Temperaturschwankungen sind für Menschen mit Histamin-Intoleranz ideal.

Zusammengefasst ist es wichtig, die eigenen Grenzen zu kennen und Umstände zu vermeiden, die die Histaminfreisetzung zusätzlich anregen.

Das Essen

soll zuerst

das Auge erfreuen

und dann

den Magen.

*(Johann Wolfgang
von Goethe)*

Linktipps:

NDR:
https://www.ndr.de/ratgeber/gesundheit/Histamini-ntoleranz-erkennen-und-behandeln,histamin100.html#:~:text=Bei%20einer%20Histaminunverträglichkeit%2C%20so%20die,und%20bereitet%20den%20Betroffenen%20Probleme.

Bundesministerium für Bildung und Forschung:
https://www.gesundheitsforschung-bmbf.de/de/testen-statt-verzichten-schnelle-hilfe-bei-histamin-intoleranz-7001.php

Deutscher Allergie und Asthmabund:
https://www.daab.de/ernaehrung/nahrungsmittel-unvertraeglichkeit/histamin-unvertraeglichkeit

Zentrum der Gesundheit:
https://www.zentrum-der-gesundheit.de/krankheiten/allergien-intoleranzen/intoleranzen/histaminintoleranz

4-6-Atemübung

Der Histamingehalt im Körper kann unter anderem auch durch Stress ansteigen.

Damit es Ihnen auch in/nach stressigen Situationen möglich ist, schnell wieder runterzukommen und sich entspannen zu können, hilft diese Atemübung.

Generell fördert eine bessere und bewusste Atmung die Gesundheit positiv.

Es gelangt mehr Sauerstoff in das Blut, die Konzentration wird gestärkt,

der Blutdruck sinkt,

der Puls sinkt, wir werden wacher und

fühlen uns nach kurzer Zeit entspannter.

Atemübungen sind leicht erlernbar.

Sie sind effektiv. Sie erfordern nur wenig Aufwand und sie können von überall gemacht werden!

Die folgende Übung hilft Ihnen dabei, richtig zu atmen:

Vorbereitung der Übung:

Öffne, wenn möglich ein Fenster und setze dich dann aufrecht auf einen Stuhl oder setz dich aufrecht draußen an die frische Luft.

Nimm dir dann etwa eine Minute Zeit, um einfach aufrecht und ruhig zu sitzen.

Dann beginne mit der folgenden Übung.

Die 4-6-Atmung:

(Achtsames Atmen im 4-6-Rhythmus)

Bei dieser Übung atmest du 4 Sekunden lang ein und 6 Sekunden lang aus.

Die Atemübung hilft uns in akuten Stress- oder Paniksituationen.

Durch diese Übung kommen wir schnell zur Ruhe.

Stress lässt uns intuitiv meist sehr flach und schnell atmen.

Mit der 4-6-Atmung beruhigen wir uns wieder und atmen danach ruhiger.

Dauer: ca. 8-10 Minuten

Durchführung der Übung:

Fixiere einen Punkt

etwa einen Meter vor dir auf dem Bo-
den oder

schließe deine Augen.

Atme 4 Sekunden lang bewusst tief
durch die Nase ein.

Atme dann ohne Pause langsam
durch die Nase aus und

lass dir dafür etwa 6 Sekunden Zeit.

Wiederhole diese Vorgehensweise
mehrfach.

Merkst du, wie sich beim Einatmen
erst dein Bauch wölbt und dann deine
gesamte Taille?

Deine Lungen füllen sich mit Luft,
während sich deine Schultern sanft he-
ben.

Merkst du, wie sich beim Einatmen
erst dein Bauch wölbt und dann deine
gesamte Taille?

Der frische Sauerstoff durchfließt
dich wie eine Welle.

Beim Einatmen durchfließt es dich
zuerst im gesamten Oberkörper.

Beim Ausatmen durchfließt es dich
dann bis in deine Zehen-, Finger- und
Haarspitzen.

Diese Welle schenkt dir neue Kraft,
während sie durch deinen ganzen Körper strömt.

Beende nun die Übung, indem du
wieder den Raum um dich herum
wahrnimmst,

die Augen langsam öffnest –

oder deinen Blick vom Fixpunkt löst.

Du wirst die Entspannung in deinem
Körper nachspüren.

Wie ich Ihnen als Ernährungsberaterin bei Histamin-Intoleranz helfen kann

Als Ernährungsberaterin mit Erfahrung im Bereich Nahrungsmittelintoleranzen, insbesondere Histamin-Intoleranz, biete ich Ihnen eine **gezielte, individuelle Beratung**, um Ihre Symptome zu lindern und Ihre Lebensqualität zu verbessern.

Mein Ziel ist es, Ihnen zu zeigen, wie Sie die Auslöser Ihrer Beschwerden erkennen, Ihre Ernährung entsprechend anpassen und langfristig eine ausgewogene Ernährung genießen können, ohne ständige Symptome befürchten zu müssen.

1. Individuelle Ernährungsanalyse und Diagnoseunterstützung

Zunächst analysieren wir gemeinsam Ihre aktuellen Ernährungsgewohnheiten und untersuchen, welche Lebensmittel möglicherweise Ihre Beschwerden auslösen. Dabei unterstütze ich Sie bei der **Führung eines Ernährungstagebuchs**, das uns hilft, mögliche Zusammenhänge zwischen Ihrer Ernährung und Ihren Symptomen zu erkennen. Falls Sie bereits Tests auf Histamin-Intoleranz durchgeführt haben, integriere ich diese in die Beratung und arbeite eng mit Ihren behandelnden Ärzten zusammen, um eine fundierte Diagnose zu unterstützen.

2. Erstellung eines maßgeschneiderten Ernährungsplans

Nach einer gründlichen Analyse erstelle ich für Sie einen **individuellen Ernährungsplan**, der speziell auf Ihre Bedürfnisse und Toleranzgrenzen abgestimmt ist. Dieser Plan berücksichtigt:

- **Histaminarme Lebensmittel**, die Sie gut vertragen,

- **nährstoffreiche Alternativen**, um Mangelerscheinungen vorzubeugen,

- und praktische Tipps, wie Sie Ihre Ernährung im Alltag umsetzen können, auch bei Einladungen oder Restaurantbesuchen.

Der Ernährungsplan zielt darauf ab, Ihre Histamin-Belastung zu minimieren, ohne dass Sie auf Genuss verzichten müssen.

3. Langfristige Begleitung und Ernährungsumstellung

Die Anpassung der Ernährung bei Histamin-Intoleranz kann Zeit brauchen, deshalb begleite ich Sie auf diesem Weg langfristig. Gemeinsam testen wir in **verschiedenen Phasen**, wie Sie nach und nach Lebensmittel wieder in Ihren Speiseplan integrieren können, um Ihre **individuelle Toleranzgrenze** zu finden. Die Ernährung soll sich Ihrem Alltag anpassen – nicht umgekehrt.

Zusätzlich zeige ich Ihnen, wie Sie durch **Stressreduktion, ausreichend Nährstoffe** und die Verbesserung der **Darmgesundheit** langfristig Ihr Wohlbefinden steigern können. Wenn nötig, besprechen wir auch den gezielten Einsatz von **Nahrungsergänzungsmitteln**.

4. Alltagstipps und Rezepte

Ich gebe Ihnen praktische Alltagstipps, wie Sie histaminarme Mahlzeiten einfach und lecker zubereiten können. Dazu gehören:

- **Histaminarme Rezeptvorschläge**, die schnell und einfach umzusetzen sind,

- Tipps für den Einkauf von Lebensmitteln und das **Vermeiden von verstecktem Histamin** in Fertigprodukten,

- sowie **Hinweise zur richtigen Lagerung** und Verarbeitung von Lebensmitteln, um die Histaminbelastung zu minimieren.

5. Unterstützung bei mehreren Intoleranzen und Allergien

Da viele Menschen mit Histamin-Intoleranz gleichzeitig an anderen Intoleranzen wie Laktose- oder Fructoseintoleranz oder an Allergien leiden, helfe ich Ihnen, auch diese Herausforderungen zu meistern.

Gemeinsam entwickeln wir eine **Ernährungsstrategie**, die auf alle Ihre Unverträglichkeiten abgestimmt ist und trotzdem eine ausgewogene und genussvolle Ernährung ermöglicht.

6. Flexibilität und Anpassung an Ihren Lebensstil

Ob Sie berufstätig sind, häufig unterwegs oder für eine Familie kochen – ich helfe Ihnen, Ihre Ernährung so anzupassen, dass sie in Ihren Alltag passt. Wir erarbeiten gemeinsam **flexible Lösungen**, die sich an Ihre Lebensumstände anpassen, sei es durch schnelle Gerichte für unterwegs oder Möglichkeiten, auch bei gesellschaftlichen Anlässen unbeschwert zu essen.

Mit meiner **ganzheitlichen und individuellen Ernährungsberatung** unterstütze ich Sie dabei, Ihre Histamin-Intoleranz in den Griff zu bekommen und Ihren Alltag beschwerdefrei und genussvoll zu gestalten. Zusammen finden wir heraus, was für Sie funktioniert – damit Sie sich wieder rundum wohlfühlen können.

Zudem kann ich Ihnen eine Auswahl an Tests und hochwertigen Nahrungsergänzungsmitteln der Marke ZINZINO anbieten:

Haftungsausschluss:

Dieses Buch und alle darin enthaltenen Informationen und Empfehlungen wurden nach bestem Wissen und Gewissen der Autorin verfasst.

Eine Haftung der Autorin für Personen-, Vermögens- oder Sachschäden wird ausgeschlossen.

Für die in diesem Buch enthaltenen Angaben wird keine Gewähr übernommen.

-Alle Rechte vorbehalten-

Die Angaben in diesem Buch entsprechen dem Wissensstand bei Fertigstellung des Buches.

Die aufgeführten Angaben beruhen auf dem jahrelang aufgebauten Fachwissen der Autorin und der persönlichen Einschätzung/Empfehlung der Autorin.

Dieses Buch darf nicht als Ersatz für eine professionelle medizinische Beratung oder Behandlung gelten. Bei allen gesundheitlichen Fragen sprechen Sie bitte mit Ihrem Facharzt oder Ihrer Fachärztin.

Quellen

https://www.gesundheitsforschung-bmbf.de/de/testen-statt-verzichten-schnelle-hilfe-bei-histamin-intoleranz-7001.php#:~:text=Eine%20Histamin%2DIntoleranz%20kann%20sich,eindeutige%20Diagnose%20ist%20daher%20schwierig.

https://www.gesundheit.gv.at/krankheiten/stoffwechsel/nahrungsmittelunvertraeglichkeit/histaminintoleranz.html

https://www.ndr.de/ratgeber/gesundheit/Histaminintoleranz-erkennen-und-behandeln,histamin100.html

https://www.aok.de/pk/magazin/koerper-psyche/haut-und-allergie/die-richtige-ernaehrung-bei-histaminintoleranz/

https://flexikon.doccheck.com/de/Histaminintoleranz

https://www.imd-berlin.de/spezielle-kompetenzen/nahrungsmittelshyunvertraeglichkeiten/histaminintoleranz

https://www.allergieratgeber.de/allergiearten/histaminunvertraeglichkeit

https://www.rewe.de/ernaehrung/histaminintoleranz/lebensmittelliste-fuer-histaminintoleranz/

https://www.geo.de/wissen/ernaehrung/histaminarme-lebensmittel--liste---ernaehrungstipps-33006078.html

https://www.mastzellaktivierung.info/downloads/foodlist/11_FoodList_DE_alphabetisch_mitKat.pdf

https://www.gelbe-liste.de/krankheiten/histaminintoleranz

https://www.histaminintoleranz.ch/downloads/SIGHI-Merkblatt_histaminarmeErnaehrung.pdf

https://utopia.de/ratgeber/histaminarme-lebensmittel-eine-liste_134894/

https://www.shop-apotheke.com/ratgeber/histaminintoleranz/

https://www.netdoktor.de/krankheiten/histaminintoleranz/

https://www.apotheken-umschau.de/krankheiten-symptome/magen-und-darmerkrankungen/histaminintoleranz-ursachen-symptome-diagnose-808847.html

https://www.aha.ch/allergiezentrum-schweiz/allergien-intoleranzen/nahrungsmittelintoleranzen/histaminintoleranz

https://www.daab.de/ernaehrung/nahrungsmittelunvertraeglichkeit/histamin-unvertraeglichkeit

https://www.ndr.de/ratgeber/gesundheit/Histaminintolera
nz-erkennen-und-
behandeln,histamin100.html#:~:text=Es%20gibt%20kein%20di
agnostisches%20Verfahren,daher%20über%20Diät%20und%2
0Provokation.

https://histafit.de

https://www.pronovabkk.de/gesuender-leben/koerper-und-
seele/allergien-und-intoleranzen/histaminintoleranz.html

https://dasgastroenterologieportal.de/krankheiten/nahrung
smittelunvertraglichkeit/histaminintoleranz/

https://www.aerzteblatt.de/archiv/53958/Die-
verschiedenen-Gesichter-der-Histaminintoleranz

https://www.internist-kitzingen.de/wp-
content/uploads/sites/246/Histaminintoleranz-
Merkblatt.pdf

https://www.youtube.com/watch?v=FNqZSyZ2bB0

https://www.mri.tum.de/sites/default/files/seiten/histami
nintoleranz_essen_und_trinken.pdf

https://histaminikus.de/blogs/histaminfrei-
leben/therapie?srsltid=AfmBOoqTCGluUNWxYph23Dks0qh
6LJuplQ9jmICdFxiQTbx6gxAaNlMz

Autorenporträt Kim W. Sommer

Kim W. Sommer ist zertifizierte Ernährungsberaterin, Fitnesstrainerin C-Lizenz und Pilates-Trainerin.

Zusätzlich ist sie Vertriebspartnerin der natürlichen Produkte der Marke ZINZINO.

Treten Sie bei Fragen mit der Autorin in Kontakt:

https://www.zinzino.com/2016392442

Seit vielen Jahren beschäftigt sie sich mit dem Thema gesunde Ernährung.

Zum Thema gesunde Ernährung gehört nicht nur eine ausgewogene und abwechslungsreiche Ernährung, sondern auch Bewegung und Zeit für sich selbst.

Aktuelle Beiträge von der Autorin gibt es auf Instagram @kim.w.autorin.

Weitere Bücher von der Autorin:

- Erste Hilfe und Rezepte bei einer Histamin-Intoleranz
- Brot und Brötchen backen mit Weinsteinbackpulver
- Tipps und Tricks für eine gesündere Ernährung im Berufsalltag
- 365 Tage Achtsamkeit und Selbstfürsorge

- Einfache Bastelideen und (vegane) Backrezepte für die Weihnachtszeit
- Süße Weihnachten für alle
- Basteln, rätseln und entspannen in der Advents- und Weihnachtszeit!
- Süße Rezepte, Ausmalbilder, Rätselquiz und Entspannungsübungen in der Osterzeit

- Der Weg zur Darmgesundheit: SIBO ganzheitlich behandeln - SIBO: Verstehen, Behandeln, Überwinden-

- Krimi: Gefährliche Suche nach der Wahrheit

- Morbus Meulengracht: Ein Ratgeber für ein gesundes und aktives Leben